GW00356849

Comptines françaises

© Flammarion 1981
© 1989 Castor Poche Flammarion
pour la présente édition
Imprimé en France
ISBN : 2-08-162862-7 - ISSN : 0993-7900

Philippe Dumas

Comptines
françaises

Castor Poche
Flammarion

Une poule sur un mur
Qui picote du pain dur,
Picoti, picota,
Lève la queue et saute en bas.

Au clair de la lune
Trois petits lapins
Qui mangeaient des prunes
Comme trois coquins,
La pipe à la bouche,
Le verre à la main ;
Ils disaient : « Mesdames,
Versez-nous du vin
Jusqu'à demain matin. »

Il pleut, il mouille,
C'est la fête à la grenouille.
Il pleut, il fait beau temps,
C'est la fête au paysan.

Escargot de Bourgogne,
Montre-moi tes cornes.
Si tu ne le fais pas,
J'écraserai ton toit.

Marie, trempe ton pain,
Marie, trempe ton pain dans la sauce !
La sauce n'est pas bonne,
Voilà Marie qui grogne.
Marie, trempe ton pain,
Marie, trempe ton pain dans le vin !

Hélèn' dormait
Sur un lit de fougères.
Le vent soufflait,
Sa robe était légère ;
J'ai aperçu
Toutes ses p'tites jarretelles,
J'ai aperçu
Tous ses petits pieds nus.

Savez-vous casser la vaisselle à maman ?
Voilà comment on s'y prend :
Un, deux, trois !

Marie-Madeleine
Va à la fontaine,
Se lave les mains,
Les essuie bien,
N'oublie pas son savon,
Son torchon,
Fait sa prière
Au nom du Père
Et monte en l'air.

Une, deux, trois, baissez la culotte ;
Quatre, cinq, six, levez la chemise ;
Sept, huit, neuf, tapez comme un bœuf ;
Dix, onze, douze, elles seront toutes rouges.

– Bonjour, Madame, comment ça va ?
– Ça va pas mal, et votre mari ?
– Il est malade à la salade.
Il est guéri au céleri.

J'ai perdu mon mouchoir
Dans la rue de Notre-Dame.
Notre-Dame était couchée
Avec un joli bébé.
Qui sera parrain ?
Qui sera marraine ?
Hé, c'est monsieur Henri
Avec son habit gris.

La petite fontaine

La petite fontaine
où les oiseaux vont boire

Celui-ci l'a pris.
(le pouce)

Celui-ci l'a plumé.
(l'index)

où les oiseaux vont boire

Celui-ci l'a fait rôtir.
(le médius)

Celui-ci l'a mangé.
(l'annulaire)

Et le petit n'a rien eu,
N'a rien eu.
(l'auriculaire)

Enfin, de son vieil échafaud,
Le clown sauta si haut, si haut,
Qu'il creva le plafond de toile
Au son du cor et du tambour,
Et, le cœur dévoré d'amour,
Alla rouler dans les étoiles.

Théodore de Banville

Henri IV voulait se battre.

Henri III ne voulait pas.

Henri II se moquait d'eux.

Henri I ne disait rien.

Henri 0 était sur le pot.

Un demi, deux demis, trois demis, quatre,
Coup-de-canif m'a voulu battre.
Je l'ai voulu battre aussi.
Coup-de-canif s'en est enfui
Par la porte de Saint-Denis.

J'ai perdu mon 'ti couteau
A la porte du châtiau.
Quec' moman vo dire ?
Papa encô pu pire.
La rivié au bô de l'iau.

Un petit bonhomme
Assis sur une pomme.
La pomme dégringole,
Le petit bonhomme s'envole
Sur le toit de l'école.

Quand trois poules s'en vont aux champs,
La première va par devant,
La seconde suit la première,
La troisième va par-derrière.

Un petit chat blanc
Porte à sa maman
Un petit panier
Tout rempli de thé.
Sentez la rose,
Sentez l'œillet
Tout frais.

Nez cancan,
Bouche d'argent,
Menton de buis,
Joue grillée,
Joue maquillée,
Gros œillet,
P'tit œillet,
Toc, toc, toc maillet.

Am, stram, gram
Pic et pic et colégram
Bourre et bourre et ratatam
Am, stram, gram
Pic   Dam !

Aubin Imprimeur, Poitiers - 10-1989
Flammarion et Cie, éditeur (N°16156)
Dépôt légal : novembre 1989 - N° d'impression : P 32948